23378.

UNE ILLUSION PERDUE

Dans les études psychologiques que les philosophes de tous les temps ont fait sur les infirmités morales de l'humanité il n'a pas été démontré d'une manière victorieuse que l'esprit l'emportait sur le cœur dans les actions de la vie, ou si le cœur, dans ses élans désordonnés, dominait l'esprit, voire même le bon sens.

Jean Jacques, et Balsac en ont laissé l'appréciation à l'intelligence de leurs lecteurs ; malheureusement beaucoup de ceux-ci, se sont plus attachés à la forme qu'au fond.

L'école réaliste actuelle attribuerait au tempérament les écarts du cœur, en excluant la participation de l'intelligence ; et combien avons-nous vu d'intelligences supérieures, d'âmes fortement trompées s'annihiler dans l'étreinte d'une passion que rien ne justifie que cette bizarrerie physiologique qu'offre l'humanité au scapel de l'analyse.

Je suis un sujet pour cette étrange observation, et mon histoire depuis vingt ans est une preuve irréfragable que toute la force qu'un homme peut mettre à dominer ses passions s'évanouit dans leur satisfaction, et devient d'autant plus intense qu'elle a été plus comprimée.

Les enseignements que l'on peut tirer de mon histoire justifient mon préambule et tout, en taisant les noms, je puis, en dessinant les types, présenter des caractères étranges, qu'une plume plus autorisée que la mienne rendrait curieuse.

Que l'exemple d'un cœur bon, généreux, dévoué, dominé par les abjectes calculs d'une femme, mettant son honneur comme enjeu, sur le tapis des tripots de la vie, pour arriver à la fortune, que cet exemple, dis-je mette en garde les ardeurs de l'inexpérience livré aux passions du cœur et à leurs fatales conséquences.

Il y a de cela vingt ans, j'allais souvent chez une de mes parentes qui était à la tête d'une petite industrie, lui permettant d'occuper une certaine quantité de jeunes filles à des travaux d'aiguilles. Autour d'une table surchagée d'étoffes, de rubans, de fil, de ciseaux, enfin tout l'attirail nécessaire à une confectionneuse étaient rangées de jeunes filles folles et rieuses.

Je remarquai l'une d'elle à peine âgée de 15 ans dont l'heureuse physionomie était le prototype de cette nature méridionnale que le Murilo et Caneva ont immortalisé; fraîche de cette fraîcheur immaculée qui est le premier reflet de l'adolescence, qu'aucune passion n'a touché encore, riche de forme déjà, à l'œil bleu, aux cheveux chatains dont les plantureuses tresses ornaient un front pur et lisse, ses dents blanches et petites à vous donner envie de se faire mordre, et qu'un perpétuel sourire laissait admirer, en provoquant ce frisson libidineux qui agite le cœur et fait rêver à des jouissances inconnues, une taille souple, se penchant gracieusement sur des hanches provocatrices comme le sont généralement celles de nos jeunes filles du midi.

Voilà succintement le portrait de celle qui devait avoir une si funeste influence sur mon existence.

Quoique ayant 15 ans de plus que cette femme, je n'ai pu définir tout d'abord les sentiments que j'éprouvais, espèce d'attraction qui me poussait partout où je pouvais la rencontrer, l'espèce de plaisir que j'éprouvais à l'entourer de ces mille attentions qui sont reçues avec un gracieux sourire à cet âge naïf qui n'est plus l'enfance et qui n'a pas marqué franchement encore dans l'existence de la femme.

Déjà marié, j'avais des enfants, quoique tout entier à mes préoccupations conjugales et paternelles, je trouvais une place dans mon cœur, je ne sais laquelle, pour un autre sentiment indéfinissable, dans ses aspirations pures et innocentes; je me plaisais au milieu de ce gazouillement ou plutôt à entendre ce caquetage de jeunes filles qui se communiquaient leurs pensées intimes, leurs sentiments dans toute leur ingénuité; la rougeur au front quand les plus instruites des choses de la vie trahissaient leur science en initiant leurs jeunes compagnes en tout ce qu'elles croyaient déjà avoir deviné.

J'avais remarqué chez Dalia, mon héroïne, une certaine circonspection trahie cependant par ces signes extérieurs qui n'échappent pas à l'homme qui a vécu, la langueur de ses yeux, les éclairs qui en sortaient parfois, l'air rêveur qui dominait son attitude constante décélaient une nature romanesque sans préjudice, desardeurs méridionnales; la première fois que cette jeune fille lut une ligne de roman elle a dû les dévorer tous depuis Paul de Kock jusqu'à Victor Hugo.

L'intérêt paternel, sinon fraternel, que je lui portais tout d'abord m'empêchait dans la délicatesse de mes sentimen's de lui tendre un piège et profiter des prédispositions de son esprit pour abuser son innocence et rendre son imagination complice de ses ardeurs.

Sur une pente aussi rapide, étant devenue la fée de mes rêves elle devint bientôt le continuel labeur de mon cœur, et dans cette tention d'esprit je me faisais violence, malgré mes désirs, je retenais mes élans, je fus héroïque dans ce contact quotidien avec une femme aimée, j'étais heureux de mon triomphe sur moi-même, d'autant plus glorieux que j'avais à faire à deux ennemis puissants: Elle et moi-même; car qu'elle est la femme, quelle que soit son ingénuité, qui ne s'aperçoit aussitôt du culte que l'on a pour elle, s'en trouve flatée et cherche à l'augmenter si le sacrificateur l'intéresse.

Quelle soit la diplomatie de la sagesse, de l'honneur et cette exquise probité qui font l'héroïsme du cœur, l'homme succombe devant la ruse de la femme les mille moyens de séduction, qui sont à la disposition de la femme qui sont inhérante à sa nature tout en faisant sa force, constate notre faiblesse, et la fait souvent l'arbitre de nos destinées, l'ange de nos pensées et de nos aspirations, le but de notre vie et enfin l'âme de nos intérieurs.

Ma sollicitude fut occulte, mais je suivais d'un œil inquiet cette nature romanesque qui alimentait ses aspirations dans les feuilletons du jour, dans les romans échevelés aux situations forcées. Son modèle était fleur de Marie, moins la vertu que montrait l'héroïne des Mystères de Paris; je cherchais à singer le prince Rodolphe, je voulais être quelque chose dans la vie de cette jeune fille tout en restant dans les conditions platoniques qui me laissaient la tranquillité de la conscience.

Une imagination prédisposée comme celle de Dalia ne pouvait rester dans l'inertie de la contemplation; il lui fallait des émotions vivaces; la réalisation de l'idéal rêvé elle était trop remarquable pour n'être remarquée que par moi et ce type féminin ne pouvait échapper à l'œil d'un artiste; aussi, un jeune sculpteur chercha-t-il dans cette organisation, l'ange inspirateur de ses conceptions plastiques, l'animation de ses statues, comme Pygmalion dans sa Galathée, il voulut s'y attacher par des liens indissolubles, elle accepta un nom sous le poids d'une idée et pas le moins du monde par le fait d'un sentiment, et si toutefois son cœur rentra pour quelque chose dans l'accomplissement d'un acte si grave, cette impression fut passagère, car tous les rêves de sa jeunesse tombèrent devant l'inaptitude, la nullité intellectuelle et morale de celui dont elle portait le nom.

Je vis ce mariage sans trop d'émotions; si un instant l'impression fut poignante, je repris le dessus et m'enfermai strictement dans mon rôle d'ami, tout en étouffant sans trop d'efforts, mes élans de jalousie et certains désirs assez naturels à mon amour constant. J'aimais cette femme pour elle, comme Phydias aimait son œuvre.

Rien ne vint troubler pendant 15 ans la sérénité de ce ménage, il est des classes de la société, et ce sont les privilégiées, qui sont inaccessibles aux troubles conjugaux, aux perturbations intérieures ; mais quand le cratère s'ouvre l'irruption est plus forte, et toutes les passions mauvaises qui s'y sont concentrées, alimentées par les illusions déçues, font irruption et brulent tout ce qui se trouve sur leur passage.

Pendant 15 ans je la vis comme Tantal voyait l'eau dont il ne pouvait s'abreuver elle semblait me savoir gré de ma constance, et du culte tacite que je lui avais conservé.

Cette vie tranquille devait bientôt être troublée, cette imagination de femme, ce cœur jadis si avide d'émotion qui n'avait trouvé dans son mari aucune des satisfactions rêvées, devint ambitieux, avide de fortune et d'honneur.

Toutes les femmes trouvent dans leur intelligence féminine les moyens de satisfaire à un degré quelconque les aspirations ambitieuses, qui furent les rêves de leur jeunesse alimentée par des lectures romanesques.

Toutes les natures comme celle de Dalia ont leur degré de sensibilité ; au milieu de la vie retirée que lui faisait sa condition, elle trouvait souvent le moyen de satisfaire à la vitalité de son cœur; elle soignait des malades, elle leur apportait les soins gratuits que sa bienfaisance empressée lui permettait de prodiguer.

Souvent elle visitait l'indigence. Un jour au lit d'un moribond elle trouva un empirique comme en possèdent tant Marseille et ses environs ; chez ces gens, l'astuce égale l'ignorance et, si parfois le hazard ou plutôt la force du tempérament de leurs malades vient en aide au charlatanisme impudent de ces fléaux de l'humanité, leurs cures augmentent, le lendemain, le nombre de leurs victimes et ces réputations de commérage exercent impunément en dépit de leur conscience et de la police correctionnelle.

Cet Empirique se faisait nommer le Docteur Nègre par antithèse probablament à la blancheur de sa conscience. Il exerçait sa profession si compromettante sur une certaine classe de cette société crédule et ignorante qui croit épargner les frais qu'exige la science et livre leur santé à la plus ignoble spéculation.

Dalia, quoique étant la maîtresse de ce vieillard sexagénaire dont l'expérience devina bientôt les faiblesses et les passions longtemps comprimées, comprit aussi combien était proche l'explosion. Pour faciliter plus facilement l'exploitation de ses applications spécifiques le docteur Nègre résolut de faire de Dalia la pharmacienne de ses drogues, de sa maison, l'officine de ses cabalistiques ordonnances. De prime abord, le rusé vieillard, n'eut dans ses premières rencontres avec elle que des mots flatteurs pour son intelligence. Ces rencontres rares alors devinrent plus fréquentes, et ses moyens de captation en devinrent plus puissants sur l'orgueil d'une femme qui s'est nourrie de romans.

Le sculpteur n'avait pas compris cette nature enthousiaste; Pygmalion avait méconnu sa Galathée; la rouerie insidieuse d'un vieillard rapace révéla la femme ambitieuse, il lui persuada qu'avec un peu d'étude elle pourrait obtenir le droit de vendre des plantes médécinales, position qui deviendrait très florissante à la suite d'une association légitimée par la popularité de ses cures dont il trouvait la recette dans le grimoire de son imagination.

Je ne fus consulté qu'à la dernière extrémité et mes observations durent céder devant un parti pris résolument.

Déjà le mari n'avait plus de voix libérative, il avait été jaugé, et son idole pure encore de tout attouchement étranger fut livrée à cet empirique, et se laissa aller à ses caresses valétudinaires.

J'ignorais complétement dans ma folle confiance dans l'objet de mon culte cette intrigue ignoble je me mis à l'aider à accomplir ce projet à ce désir si naturel d'arrver à une position moins précaire, désir qu'elle m'avait si souvent exprimé dans ses confidences intimes, en écartant de mon esprit toute idée de dévergondage.

Je l'accompagnai à Montpellier; à l'aide le plus grotesque de quelques mots latins, d'un examinateur complaisant, Dalia fut reçue et eut le droit d'établir un magasin d'herboristerie.

Je suivais journellement avec une sollicitude inquiète cette association de l'incurie avec l'ignorance et je dus m'étonner plusieurs fois de la prospérité surgissant de ce charlatanisme infâme, exploitant les infirmités physiques.

Un jour surtout mon cœur se souleva, sur une ordonnance de ce vieillard. Une jeune fille accompagnée de sa mère vint lui confier qu'elle était atteinte d'une suppression de menstrue; avec un imperturbable sang-froid, l'Esculaqe que Molière seul pourrait stéréotiper lui ordonna une infusion de crottes de brebis. En voyant le dégoût marqué que témoignait sa cliente il justifia l'efficacité de son spécifique par cette démonstration: La brebis paît dans la montagne et choisit sa nourriture parmi les plantes aromatiques, qui digérées, passant par le corps de l'animal, doublent leur vertu et deviennent un remède puissant pour établir l'équilibre dans l'organisme et rendre au sang son cours ordinaire.

Déjà un sentiment instinctif m'avait donné une espèce de répulsion pour cet empirique déhonté, je voyais avec douleur dans la délicatesse de mes sentiments, la femme aimée, livrée aux spéculations infâmes de ce débitant dorviétan. Je lui fis part de mes observations sans succès; l'ambition, la soif de l'or, combattaient dans son cœur les sentiments de droiture qui devaient tomber un à un de cette âme dévorée d'orgueil.

Son mari tomba malade, la force de sa constitution ne pouvait justifier la langueur progressive qui minait ses forces.

Cette défaillance insolite jeta quelque soupçon dans l'esprit de Dalia et le mien, les panacées de l'officine distribuées par le docteur plus qu'illettré doublaient le mal au lieu de le calmer.

Dalia avait à sa charge son vieux père, vieillard octogenaire, tradition qui s'efface avec cette vieille probité, ce cœur droit, que l'égoïsme des générations actuelles ne trouve plus généralement dans notre siècle et qui s'en vont pour ne plus laisser qu'un souvenir.

Autour d'elle vivaient encore des parents qui exploitaient la position, que lui faisait la prospérité de son commerce et de plus le gain accumulé du travail de son mari, artiste passable, d'une économie poussée jusqu'à la ladrerie, sottement influencé par sa femme, ne voyant que les résultats, sans s'inquiéter des causes qui les faisaient naître et oublier par le scintillement d'un or honteusement amassé au détriment de son honneur et d'un nom qu'il aurait dû faire respecter, s'il avait eu un peu le sentiment de sa dignité personnelle. La maladie du mari de Dalia prenait un caractère alarmant, déjà des symptômes faisaient craindre qu'un veuvage prématuré qu'aucune perturbation physique ne pouvait laisser présager ne la rendit bientôt maîtresse de ses actions.

Il est évident pour moi que cette catastrophe n'était présentée par elle qu'avec épouvante; quoiqu'elle n'aimât plus son mari, il lui servait complaisamment de manteau; puis il apportait son contingent journalier à la prospérité communale.

Elle devinait les causes de cette maladie, son intelligence sinon son cœur descendait dans tous ces mystères d'iniquité et cependant elle n'osait briser la main malfaisante qui allait jeter un voile lugubre sur l'intrigue ignoble qu'elle cherchait à cacher à tous les yeux.

Un jour l'agonie râlait dans son alcove; la femme qui voyait le vide se faire près d'elle, m'assigna à moi son ami jusqu'alors, un rendez-vous que j'acceptai incontinent; j'avais prodigué les soins empressés, le dévouement fraternel à la débilité qui s'effaçait, je ne croyais devoir que des consolations aux larmes abondamment répandues, car elle pleura, l'horreur de sa situation se présenta à elle avec l'inique et effroyable solennité de la mort! La mort qui ne pardonne rien aux remords, au souvenir du passé pas plus qu'aux incertitudes de l'avenir.

Je vins de suite au rendez-vous et dans une maison particulière, je cherchai à étouffer ses sanglots, à faire revivre l'espoir dans son cœur.

J'étais atrocement ému, une fièvre indicible brulait mon sang qui refluait au cœur, elle se jeta à mon cou au milieu des étreintes les plus passionnées et me conjura de ne pas l'abandonner. Oui ! me disait-elle, toi seul fut grand, généreux, dévoué, tu m'aimes depuis longtemps je le sais, je l'ai su le premier jour, j'ai plains tes souffrances, mais le respect d'une sainte amitié me semblait plus sacré que toutes les démonstrations de l'amour, ta délicatesse ne m'a jamais rien demandé en échange de tes longues souffrances, toi seul est capable d'être mon sauveur, mon ange tutélaire, mon guide, mon appui, mon Salvator bien-aimé, je n'ai plus foi qu'en toi ; j'ai horreur de ce vieillard qui me fait jouer un rôle indigne ; j'ai besoin de m'abriter derrière ton honneur pour regagner l'estime de moi-même. Je t'aime et t'aimais depuis bien longtemps. Près de cette tombe qui va s'ouvrir, continua-t-elle, en m'étreignant dans ses bras et accompagnant chacune de ses protestations d'un de ces baisers brûlants qui mettent le feu dans les veines et font tomber les énergiques résolutions du cœur le plus acéré. Il me faut la chaleur de ton cœur, tes lèvres brûlantes sur mes lèvres avides de baisers, il faut que tu sois à moi, moi à toi par cette puissante liaison qui fait l'amour éternel.

Et dans d'indicibles délices nos âmes se confondirent.....

Etrange comédie jouée par une femme sur les choses les plus saintes et les plus sacrées.

Dès lors je perdis la virginité de mes actions, je perdis un prestige, celui de ma conscience, cette défaillance satisfaisait mes sens, trompait mon cœur, désolait mon âme ; mes aspirations et mes pensées douloureusement amassées pendant 15 ans s'évanouirent dans une étreinte.

Je n'étais plus son ami, je devins son amant; naguère j'avais le droit de commander alors je devais obéir.

L'adresse de Dalia qui connaissait mes goûs dut les prévenir, j'étais ardent chasseur, comme cette passion devait me prendre beaucoup de temps au détriment de notre amour, elle acheta une campagne que je m'efforçai d'embellir, comme le temple des sacrifices que nous devions faire à nos ardeurs réciproques, j'en ornai les appartements j'en embellis le jardin, je voulus en faire un palais d'Armide j'y dépensais là la réalisation de mes rêves de 15 ans.

Mon temps, partagé entre les obligations de mes devoirs sociaux et ceux de mon cœur, passait rapide, mes nuits délirantes, mes jours pleins de bonheur et d'espoir coulaient délicieusement émaillés de ces étreintes énivrantes que je croyais être éternelles.

J'oubliais le mot de François 1er.

Souvent femme varie
Bien fol qui s'y fie

L'orgueil de Dalia, son ambition démesurée, devait bientôt rompre le charme sous lequel me tenait cette infâme politique qui fait la force de la femme et lui donne la ruse, qui balance la primauté de notre sexe quoique son mari avait été rendu à la vie, elle n'en continua pas moins son exploitation illicite.

Le père de Dalia avait à s'occuper d'un cheval appartenant à un jeune homme attaché à une administration de Marseille. Un jour, ce jeune homme acompagné d'un quidam, au dehors distingué, à la locution facile, occupant une brillante position sociale se préenta à l'officine de Dalia; celle-ci, d'un coup d'œil rapide, devina ce qu'il y avait à gagner au frottement d'un homme que désiraient les rêves romanesques de toute sa vie et ses espérances trompées si souvent, dans ses recherches intéressées.

De ces politesses banales auxquelles se croit obligé un homme galant près d'une femme eut-elle 30 ans (l'âge des femmes de Balsac), on vient vite, quand on y trouve un certain encouragement à une galanterie plus accentuée. Il suffit d'encenser l'ange qui ne demande pas mieux que de déployer ses ailes et lui montrer la place qu'il croit lui être déjà assignée dans ce paradis des femmes qu'elles rêvent toutes.

Une femme d'une imagination moins vive que Dalia s'y serait laissé prendre, nos promenades champêtres, nos idylles amoureuses devenaient monotones pour une imagination de sa trempe et l'avenir quelque assuré qu'elle voyait au bout de ce chemin parcouru avec moi, était trop uniforme, et trop aligné pour ne pas apercevoir constamment l'extrémité. Il lui fallait quelque chose de plus heurté, les émotions quelque vives qu'elles aient été, se présentaient toujours sous les mêmes aspects, il lui fallait un autre scène pour les comédies de son cœur au fur à mesure qu'elle devenait comédienne elle aspirait à des planches plus larges, des décors plus splendides, une réplique plus élevée à ses insinuantes interpellations.

La malheureuse qui connaissait l'honnêteté de mon cœur ne pouvait songer que, de premier role que je jouais dans sa comédie, je ne pouvais devenir un traitre de mélodrame.

Le rôle Célimène est beau, mais il est très difficile à jouer, lorsqu'on se le donne, la plus vulgaire prudence vous conseille de ne sourire à ses amants que l'un après l'autre.

Le brillant parisien dut avoir bientôt raison sinon de cœur du moins des prédispositions de Dalia. Les promesses furent d'autant mieux acceptées qu'elles étaient faites de bonne foi. La difficulté était de me cacher leur réalisation, le mari qui n'avait pas voix au chapitre était peu inquiétant, la perceptibilité de l'amant l'était bien d'avantage.

Les instincts du cœur sont indéfinissables, il est rare qu'ils trompent dans leur prédiction, indépendamment du tact inné chez l'homme qui a vécu, il est une sorte de subtilité lucide qui laisse entrevoir dans un horizon incertain les diverses émotions auxquelles doit être assujetti la sensibilité du cœur.

Plusieurs rendez-vous donnés à M. Girardin dans les environs de Marseille avaient toujours eu les causes dissimulées par des prétextes qui ne pouvaient échapper à ma perceptibilité, me mit en éveil, et un incident fortuit précipita un dénouement dont les suites devaient entraîner sinon ma haine, du moins mon mépris.

Dalia était enceinte, sans trop d'outrecuidance, son nouvel amant qui aspirait au bonheur de la paternité se laissa persuader qu'il était l'auteur d'un être si vivement désiré par lui, quoi-qu'elle fut enceinte d'une époque bien antécédente à ses relations avec Girardin peut-être avec un peu de dérision il m'était permis de croire que cette paternité invoquée devait être équivoque Il conçut l'espoir d'enlever la mère et sa progéniture en gestation, les amener à Paris, faire une pension au mari complaisant; et, comme l'enfant chez notre parisien lui tenait beaucoup plus au cœur que le monde, il le gardait près de lui, faisait son éducation après avoir renvoyé la mère dont le sort eut été dès lors assuré.

Il fallait pour cela des efforts de diplomatie; je n'étais pas facile, à abuser Dalia chercha à l'entreprendre.

Pendant ses courtes absences, Dalia m'écrivait de ces

lettres brûlantes qui devaient me donner le change et tranquiliser mes ardeurs. J'en donne ici un spécimen qui prouve par leur incohérence qu'elle en puisait plutôt le texte dans ses souvenirs de roman que dans son cœur.

Ami

(Je te dirai que je ne)
Souvent loin de toi je me dit m'est-il bien fidèle me reviendra-t-il constant, tremblante je me di: il te cueille sous son doigt incertain. L'oracle qui s'effeuille révèle son destin tu sai je veu te dire la pauvre petite marguerite la fleur des amants insi je te prie de bien panser à moi de tou faire pour moi de tou suporté pour moi, la campagne regarde la pour moi ton naspec et si beau que notre valon pali à tes côtés ton fron si relevai ta démarche si fière ne té tone pas si la pauvre petite fuit devant toi ces que tu les pouvante si tu étai moins beau elle se lesserait prendre, inci je te dirai que tu pance bien amoi que tu nème que moi car se matin j'ai fai de mauvai sanc j'ai bien panser à toi vu que je t'ème tellement je voulé te voir que j'ai placer, mon bon éme moi bien moi que tu me plai tu même nes pas, moi tien je mourai pour toi je partirai je parti rai tien tou pour toi ma belle tête tien tou se que je respire pour toi je vous dré t'embrasser pance à moi et puis à lêtre qui doit faire mon bonheur de l'avenir inci que le tien si lêtre suprême le veu jamais rien se n'ai pas le peti mangeur qui m'à fai faire du mauvais sanc Adieu le plu grand des homme.

Adieu ma belle tournure ma belle jalousie tu dira au femme que tu nai pour elle tu lui dira que tu é mien car moi je ne suis à personne je suis à toi.

Mille caresse pour toi se papié plin tient toute la poste.

Je tème

Ami

Je te dirai je ne puis plus suportée les personnes qui mantoure car je ne puis plus me suporté moi-même par moment on ne voit que rire faut, que l'amour de l'intérait on ne voit que fausseté mondieu que c'est chose mannuit quel bonheur d'être avec toi, toi, seul toi que je rêve toi que j'aime de tout mon cœur de toute mo-name car je ne voi que toi aprèsan. Ami je ne veu plus donné de satisfaction à personne si tu pouvai comprendre le mauvais sanc que je fait il me samble que tu vas ches une femme il me semble que tu ne même plus ou que tu ne mémera plus pour quoit ami toute ses idé pourquoit ma belle tète je sou fre à mourir tu ne me trompera pas nes pas je ne veu pas que tu regarde les autre femme je ne le veu pa tu me ferai mourir mai si tu me fesai mourir je te tuerai mai tu ne le fera pas tu ne sera pas parjure dieu te punirai car dieu puni les ingra et les parjures mai non je me dit il tème qu'il ne le fera pa il pense tou jour à toi il ne voi que toi il ne rêve que toi il marche que pour toi maison te voi maison te regarde on te trouve beau moi je ne te voi pa me voi la encore dan la jalousie alors tu ne même plus me voi la encore maleurheuse adieu fini je fini je te quite ana tan dan le bonheur de te voir je te dirai que je ne tème plus que moi même. Adieu ma belle té te.

Je tème par de su tou se que je puis voir.
Je tème est suit jalouse
mon amour a toi

fait a fost le jour de ma féte (16 Xbre)

Mon bien émé

Par la présente je te di que je suis un peu fatiguée tou va bien au tre man si cenais que je pense beaucoup à toi je langui deja de te voir je ne voi que toi je néme que toi tu sera mon talis man tu m'acompagne par tou tu sera pré de moi en tout adieu l'âme de mon âme le sanc de mon sanc je tème jauré plus teau écri mai le mal de tête me tu

Dalia

Ces lettres et tant d'autres prouvent surabondamment sinon la violence de ses sentiments, du moins toute sa perfidie, et tout l'astuce d'un calcul indignement préparé.

Quand elle ne trouvait pas d'expressions assez fortes dans son imagination, elle empruntait au roman celles qui brillaient le plus; ceci se devine par le plus ou moins de rectitude dans l'ortographe.

Je dois dire à la louange de Dalia que de prime abord, elle m'avait averti des intentions de M. Girardin et des diverses propositions auxquelles elle n'apportait qu'une diversion polie. Mais dominée par l'orgueil et par ces supputations qu'une femme saisit à l'instant, sans en envisager les conséquences, elle n'eut plus qu'une pensée, ce fut d'écarter ma surveillance et entassant mensonges sur mensonges, elle chercha à me tromper et à me céler la situation de ses projets.

Aussi ses calculs augmentaient, nos rendez-vous se multipliaient, cependant au milieu de ces aveux d'un amour éternel, l'instinct de mon cœur devinait des réticences ; ses élans n'étaient plus naturels. Ses démonstrations gênées, ses aveux n'étaient plus ces couleurs de franchise qui prennent leur ineffable agrément dans la sincérité et le laisser aller naturel qui conviennent à deux sympathies depuis longtemps éprouvées.

Jamais une femme n'est plus près de vous tromper que quand ses élans, ses soins, ses caresses augmentent ; elle cherche à étouffer sous leurs étreintes la vitalité qu'elles savent si bien faire revivre quand elles le veulent. Mais elle ne comptait pas sur les instincts du cœur qui a les yeux d'Argus sur ses intentions qui lui font deviner ce qu'on ne veut pas, et pressentir ce qu'on lui cache.

Je l'aimais trop pour ne pas être constamment en éveil, je devinai ses projets quels qu'ils soient, malgré les soins qu'elle prenait à me les cacher. Elle cherchait à m'endormir et mon cœur dans la lucidité de son somnambulisme me découvrait tout.

Sans en être sûr cependant, je devinai ses rapports avec M. Girardin, des prétextes de baptême insidieusement demandé par le docteur Nègre qui avait deviné tout le brillant parti qu'il pourrait tirer de l'élégant parisien, du fonctionnaire à la position sociale, aux relations étendues et à l'influence duquel il devait demander un éminent service. Cette fois encore Dalia devait servir d'instrument à son ambition et l'influence de son amant le tirait d'une position unique dans laquelle l'avait jeté la mauvaise conduite de son fils.

M. Girardin persuadé que Dalia allait le rendre père, s'était voué au moule pour amour pour le produit. Déjà il avait fait des sacrifices, de splendides toilettes, préliminaire de la splendeur qui attendait cette femme bouffie d'orgueil dans la capitale, lui étaient envoyées, lorsque mon intime perspicacité déjoua les espérances de cet avenir et fit écrouler cet échaffaudage sous lequel moi seul devait être sacrifié.

Je l'ai dis déjà, pour m'abuser et entasser mensonges sur mensonges, sa position fausse ne pouvait durer sur des bases aussi fragiles; aussi se révéla-t-elle bientôt et tout fut démasqué.

Ses faveurs partagées, qui alternaient entre deux amants qu'elle voulait ménager à la fois lui donnaient certaine contrainte avec moi, ses ardeurs se sentaient du partage de ses faveurs, son air désireux m'en disait trop pour ne pas comprendre que mon rôle ne devenait que secondaire et gênant.

Elle aurait mieux fait de m'avouer la vérité, je me serais effacé, et s'il ne m'était plus possible d'accepter mon rôle d'autrefois, j'avais assez de délicatesse et de générosité pour ne plus en accepter dans cette imfâme comédie.

Mais non! elle préférait me tromper indignement, connaissant la violence de ma passion elle avait peur de mon amour comme de mon caractère elle craignait ce qui arriva précisément.

Un matin exerçant ma surveillance habituelle, je la vis sortir affublée d'une de ces toilettes dont l'extravagance tenait du Benoiton, et ses surcharges multicolores de rubans d'attifailles qui étaient bien le signe caractéristique de ses tendances, et de la suprême exagération de ses goûts et ses désirs; elle prit une voiture à laquelle elle fit suivre une direction inconnue, un signal l'arrêta de loin; je montai près d'elle et par des mensonges invraisemblables elle chercha encore à m'abuser. J'eus avec elle une explication où je débordai et montrai mes soupçons; je résolus alors d'en finir et d'aller droit au but.

Il se passe d'étranges aberrations dans le cœur de l'homme dans ces moments de commotions ou le cœur est en guerre avec la raison. Dérouté du but qu'elle s'était promis dans ce rendez-vous que je lui avais fait manquer, je la conduisis ailleurs; là évoquant ses anciens sentiments de générosité et d'abnégation que j'avais montré dans le commencement de notre liaison. Elle chercha à la rendre tout au plus fraternelle, en excluant un passé qu'elle semblait regretter, mais il n'était plus temps quoique le motif fut dissimulé. Je ne voulus pas accepter un sacrifice que je savais être demandé au bénéfice d'un autre.

Sans doute, si Dalia eut de revenir dans la situation morale d'une honnête femme; si la rougeur avait pu empreindre son front en face de son mari, si elle avait compris qu'elle souillait les cheveux blancs de son vieux père, si elle m'eut prié de sacrifier mon amour à son repos personnel, mes anciennes apirations se seraient réveillées, grandes et généreuses, comme au temps ou je l'entourais de platoniques admirations. Mais sa fourberie était trop notoire pour que je prêtasse les mains au calcul honteux dont son mari avait ignoblement accepté le résultat.

Je fus trouver directement M. Girardin et, dans une conversation intime, je dévoilai la turpitude de cette femme qui avait violé le plus saint des devoirs comme brisé la plus grande et la plus généreuse des affections.

Je dois dire en historien véridique que cet homme du monde, comprit de suite le piège dans lequel il était tombé, il en fut d'autant plus frappé qu'il est un âge chez l'homme où l'expérience mise en défaut ne pardonne pas l'erreur qu'ils acceptent et fête le ridicule sur leur passions, surtout quand désillusionnés, ils s'aperçoivent que le sujet n'en vaut pas la peine. Les infirmités morales chez la femme révèlent de suite les infirmités physiques.

Toutes ces illusions tombent devant ma confidence nous étions évidemment deux à partager les honneurs de la paternité que lui seul revendiquait, à la suite des assurances astucieuses de cette femme déhontée. Son parti fut bientôt pris il me rendit franchise pour franchise et malgré l'indélicatesse de certains aveux qui ne faisaient que corroborer ce que je présumais déjà, il se montra encore une fois homme du monde. Il avait alors en sa possession certains objets de toilette préparés pour une rencontre et un voyage à faire dans une ville voisine ; c'était la répétition d'un costume nouveau dont l'effet devait être étudié par cette beauté surannée, qui bientôt allait augmenter le nombre de celles qui jouent cette comédie qui plaisait tant à l'orgueil si peu justifié de cette malheureuse femme, aux aspirations désordonnées, et qui tomba rapidement avant que le rideau fut levé; aussi pour augmenter sa confusion qui avait fondé de si belles espérances, cet homme, pour preuve de dédain, me remit les gages et derniers vestiges de cette affection évanouie sans retour.

Quand une femme fait une faute elle croit toujours à l'impunité; dans cette circonstance Dalia avait droit de croire à ma discrétion et à celle de M. Girardin, il est évident qu'un homme qui n'est pas lâche par tempérament cachera toujours ses actes qui pouvant être très communs n'en sont pas moins répudiables aux yeux de la morale tant méconnue par le temps qui court. Mais il se trouve dégagé de sa circonspection et pour mieux dire du respect qu'il se doit devant les intrigues infâmes de celle dont il était le complice.

Quand celle-ci se prostitue dans un but quelconque soit par tempérament, par intérêt, ou pour tout autre motif; alors il n'a plus que du mépris, à peine s'il ose avouer qu'il a eu des faveurs que le libertinage convoite seulement.

Dalia le comprit, elle; elle se vit seule avec sa honte, ses rêves désordonnés étaient évanouis après la démarche que je n'ai pas l'intention d'excuser dans ce qu'elle avait d'indiscret, pour ne pas dire davantage, mais en faisant la part des perturbations qui troublaient mon cœur et mon esprit, on le comprendra d'autant plus que Girardin lui-même en fut très heureux lui qui avait éprouvé les mêmes émotions dans les bras de cette Messaline.

Je l'avoue franchement, je souffrais d'une manière atroce, avec mon amour tout m'échappait, cette affection à laquelle je m'étais si délicieusement habitué allait manquer complètement à ma vie, il y allait avoir un vide que je n'aurais su remplir. Je voulais être quelque chose dans la vie de cette femme; et du moment où je frappai, je voulus frapper partout. En sortant de chez notre parisien, je fus chez Dalia à laquelle dans mon exaspération motive, je fis des reproches sanglants.

Et dans la faiblesse de mon cœur j'imposai encore des conditions. Je mis en jeu, le père, le mari, les parents de cette femme qui crut trouver dans cette concession le moyen de prendre sa revanche.

Je fis envisager au mari le ridicule de sa conduite et l'odieux de sa complicité, je parvins à impressionner son cœur, voué au milieu des épanchements de ses douleurs, il implora mon ancienne amitié, et les larmes dans la gorge me supplia de ne pas l'abandonner au milieu de la triste position que lui avait fait sa faiblesse et surtout l'astuce de sa femme.

D'après mes conseils il intima l'ordre à Dalia de ne plus retourner dans cette officine qui a été la première cause de ses débords; assez surprise de l'injonction maritale à laquelle la faiblesse de son époux ne l'avait pas habituée, elle y consentit d'abord, mais cette infernale soif de l'or qu'elle avait si facilement amassé, lui fit comprendre que les deux moyens sur lesquels son ambition se reposait, ne pouvaient lui échapper à la fois.

Quelques minutes suffirent à l'éloquence insidieuse de cette femme pour reprendre son autorité sur son mari, pour changer les dispositions de son vieux père, enfin animer toute sa famille contre moi. A cette première visite en succéda une seconde dans la journée ou tous ces caractères avaient de prime abord accepté avec reconnaissance la ligne de conduite que j'avais indiquée avec un avenir plus honorable.

Je fus reçu froidement, sur mes instances qui les engageaient à m'expliquer cette métamorphose je reçus l'ordre du mari de m'éloigner si je persistais dans mes idées. La femme n'eut qu'un regard de triomphe, et son vieux père qui m'avait toujours témoigné une affectueuse considération n'eut qu'un silence approbateur, pour une mesure qui m'excluait à jamais d'une famille dont j'avais fait pour ainsi dire la mienne.

Mes soins assidus avaient été plus désintéressés; cependant ma position de père de famille ne me permettait pas des sacrifices qui puissent compromettre mes intérêts et ceux de mes enfants. J'avais obtenu des reconnaissances qui prouvaient certaines avances qu'il m'avait plu de faire dans les embellissements de la campagne dont, à plus d'un titre, je devais partager les jouissances.

Cependant malgré la plaie à peine cicatrisée de mon cœur je ne me sens pas la force de faire valoir mes droits, si la leçon coûte cher je n'en ai pas moins l'intention de diminuer ce qu'elle a d'onéreux en réclamant ce qui fut le fruit de mon labeur, et puisque calomnié si gratuitement j'imposerai seulement une ferme volonté à la faiblesse de mon cœur.

En concluant donc, je ne lui réserve qu'une seule et unique punition. C'est que dans le cœur d'un honnête homme, à l'amour le plus désordonné a succédé le plus profond mépris.

Un sentiment inconnu va bientôt surgir dans l'âme de Dalia, ce sentiment qui révèle la femme, la transforme, efface ses dégouts exalte ses vertus, qui doit déterminer la sainte mission que Dieu et les hommes lui ont dévolu sur la terre.

N'importe d'où vienne le fruit que porte ses entrailles l'héroïsme maternel commence avec les premières douleurs, comme l'abjection doit finir avec les dernières jouissances; qu'il soit légitimé ou non, qu'il reçoive le premier baiser tendre ou grimaçant d'un père qui a des doutes; la mère oublie son passé et toutes les considérations sociales pour couver de toute sa tendresse, de toute sa sollicitude, le petit être qui doit le jour soit à l'amour, soit au calcul, soit à un moment d'erreur.

Dalia n'a plus que cette purification maternelle pour couvrir ses fautes, les cacher ou du moins les dissimuler aux yeux de ceux dont elle a encore le mépris. Si la femme a été déhontée, la mère peut devenir respectable.

Les causes d'une faute quelque grave qu'elle soit, quelque basse et abjecte qu'on la considère perd son intensité répudiable par ses effets surtout quand elle se trouve lavée par des larmes maternelles et l'innocent vagissement d'un petit être qui cherche le sein qui doit le nourrir.

Oui! une femme retrouve la virginité de son cœur dans cette sublime tendresse maternelle, elle oublie même qui la honte devra lui monter au front quand les premiers bégaiements de son enfant lui demanderont le père qui devait soutenir ses pas chancelants et le protéger dans la vie contre les premières faiblesses de l'adolescence.

Si elle oublie ce moment suprême de renaissance de réhabilitation, si oubliant encore ses devoirs les plus sacrés quelle que soit sa fortune elle ne ligue à ses enfants que la honte et l'opprobre.

Marseille. — Imprimerie Samat, quai du Canal, 9.

www.ingramcontent.com/pod-product-compliance
Lightning Source LLC
Chambersburg PA
CBHW060637050426
42451CB00012B/2648